Visita nuestro sitio www.av2books.com
e ingresa el código único del libro.
Go to www.av2books.com, and enter this book's unique code.

CÓDIGO DEL LIBRO
BOOK CODE

AVG34363

AV² de Weigl te ofrece enriquecidos libros electrónicos que favorecen el aprendizaje activo.
AV² by Weigl brings you media enhanced books that support active learning.

El enriquecido libro electrónico AV² te ofrece una experiencia bilingüe completa entre el inglés y el español para aprender el vocabulario de los dos idiomas.

This AV² media enhanced book gives you a fully bilingual experience between English and Spanish to learn the vocabulary of both languages.

Spanish

English

Navegación bilingüe AV²
AV² Bilingual Navigation

CERRAR / CLOSE

OPCIÓN DE IDIOMA / LANGUAGE TOGGLE

INICIO / HOME

CAMBIAR LA PÁGINA / PAGE TURNING

VISTA PRELIMINAR / PAGE PREVIEW

Copyright ©2020 AV² de Weigl. Library of Congress Cataloging-in-Publication Data se encuentra en la página 24.
Copyright ©2020 AV² by Weigl. Library of Congress Cataloging-in-Publication Data is located on page 24.

El Hámster

Conoce a mi mascota

En este libro, aprenderás

- cómo es
- qué come
- qué hace
- cómo cuidarlo
- ¡y mucho más!

3

Quiero tener un hámster de mascota.

Debo aprender cómo cuidarlo.

Hay muchos tipos de hámsteres para elegir como mascota.

La mayoría de los hámsteres tienen pelo blanco, marrón o anaranjado.

El Museo de la Ciudad, en St. Louis, tiene una rueda de hámster para humanos.

Mi hámster vivirá en una jaula.

Ayudaré a limpiar su jaula una vez por semana.

A los hámsteres les gusta esconderse para dormir.

Colocaré una caja en la jaula para que mi hámster pueda esconderse.

Los hámsteres duermen todo el día.

Mi hámster necesitará cosas para masticar.

Masticando cosas mantiene sus dientes sanos.

A los hámsteres les gusta comer semillas y vegetales.

Alimentaré a mi hámster todas las noches antes de ir a dormir.

Los hámsteres guardan comida en sus mejillas para comerla más tarde.

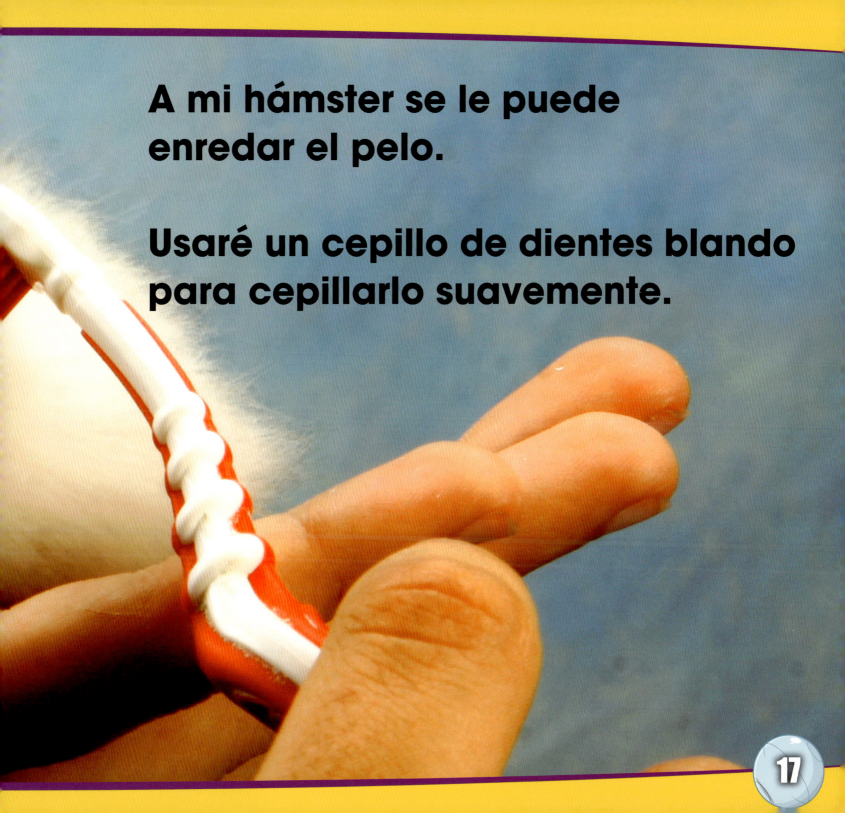

A mi hámster se le puede enredar el pelo.

Usaré un cepillo de dientes blando para cepillarlo suavemente.

Mi hámster necesitará hacer ejercicio todos los días.

Colocaré una rueda para hámster en su jaula donde pueda correr.

Los hámsteres pueden correr hasta 8 millas por día.

Estoy lista para llevar a mi hámster a casa.

Lo cuidaré mucho.

DATOS SOBRE LOS HÁMSTERES

Estas páginas ofrecen información detallada sobre los interesantes datos de este libro. Están dirigidas a los adultos, como soporte, para que ayuden a los jóvenes lectores a redondear sus conocimientos sobre cada sorprendente animal presentado en la serie *Conoce a mi mascota*.

Páginas 4–5

Quiero tener un hámster de mascota. Los hámsteres son oriundos de Asia. Fueron descubiertos por primera vez en los desiertos de Siria, donde hacían profundas madrigueras en la arena. Los hámsteres fueron llevados a los Estados Unidos en 1938. Para el año 2004, uno de cada tres hogares estadounidenses tenía un hámster de mascota. Hoy, los hámsteres son las mascotas pequeñas más populares del mundo. Los hámsteres necesitan atención y cuidados regulares y deben llevarse al veterinario si muestran un comportamiento anormal.

Páginas 6–7

Hay muchos tipos de hámsteres para elegir como mascota. Existen cinco tipos de hámsteres para tener de mascota. El hámster sirio es la especie más popular. El tamaño de los hámsteres varía entre 2 y 13,4 pulgadas (5 y 34 centímetros). Los hámsteres mascotas generalmente tienen cola corta y cuerpo rechoncho. Pueden tener las patas peludas o lampiñas, dependiendo de la raza.

Páginas 8–9

Mi hámster vivirá en una jaula. Los hámsteres suelen tenerse en jaulas de alambre con piso de plástico cubierto con heno de fleo o virutas de madera. Se pueden colocar tubos y túneles en la jaula para que el hámster explore y haga ejercicio. Algunas especies de hámsteres deben vivir solas, mientras que otras prefieren tener un compañero. Las jaulas deben limpiarse todas las semanas. Esto incluye retirar y reemplazar el lecho sucio. También se deben retirar los restos de comida para que no se pudran.

Páginas 10–11

A los hámsteres les gusta esconderse para dormir. Los hámsteres domésticos se ocultan y duermen en lugares cerrados, como cajitas o macetas. Los hámsteres son nocturnos, esto significa que duermen durante el día y son más activos por la noche. Colocar su jaula en un lugar tranquilo le permitirá descansar durante el día. El hámster puede desarrollar enfermedades relacionadas con el estrés si su jaula está cerca de lugares ruidosos.

Páginas 12–13

Mi hámster necesitará cosas para masticar. Los largos dientes superiores e inferiores del frente de la boca del hámster se llaman incisivos. Estos dientes nunca dejan de crecer, por lo que debe gastarlos masticando cosas. Los dueños de hámsteres suelen darles trozos de madera limpia para masticar. No se les deben dar juguetes de plástico para morder ya que pueden atragantarse y asfixiarse.

Páginas 14–15

A los hámsteres les gusta comer semillas y vegetales. Los hámsteres deben comer una vez al día, generalmente por la tarde o noche, que es cuando están más activos. El hámster necesita tener una dieta balanceada, con una mezcla de semillas, granos, maíz partido y alimento granulado. A veces, se puede complementar su dieta con frutas y vegetales. Los hámsteres necesitan tener un bebedero especialmente diseñado, que debe llenarse con agua fresca todos los días.

Páginas 16–17

A mi hámster se le puede enredar el pelo. Los hámsteres pueden pasar hasta el 20 por ciento del tiempo que están despiertos acicalándose, por lo que sus dueños no necesitan limpiarlos a menudo. Hasta se cortan sus propias uñas. Si es necesario, se puede usar un paño húmedo para bañar al hámster, pero si queda mojado puede enfermarse. Por eso, es importante secarlo bien con una toalla de papel después del baño.

Páginas 18–19

Mi hámster necesitará hacer ejercicio todos los días. Los hámsteres pueden jugar sin riesgos fuera de sus jaulas, en bolas plásticas o corralitos para hámsteres. Sus dueños deben supervisarlos cuando están fuera de la jaula para asegurarse de que no se escapen ni se encuentren con algún peligro, como otras mascotas. A los hámsteres también les gusta pasar por túneles hechos con tubos de cartón para divertirse y ejercitarse.

Páginas 20–21

Estoy lista para llevar a mi hámster a casa. Para establecer un vínculo con los humanos, los hámsteres pueden necesitar más tiempo que cualquier otra mascota pequeña. Su dueño primerizo debe tener paciencia y esperar a que el hámster se adapte a su nuevo hogar. Una vez que se acostumbra al olor de su dueño, el dueño podrá levantarlo suavemente. Siempre se lo debe tener cerca del piso por si se cae accidentalmente. Los hámsteres pueden enfermarse si se los toca demasiado.

¡Visita www.av2books.com para disfrutar de tu libro interactivo de inglés y español!

Check out www.av2books.com for your interactive English and Spanish ebook!

1 **Entra en www.av2books.com**
Go to www.av2books.com

2 **Ingresa tu código**
Enter book code

AVG34363

3 **¡Alimenta tu imaginación en línea!**
Fuel your imagination online!

www.av2books.com

Published by AV² by Weigl
350 5th Avenue, 59th Floor New York, NY 10118
Website: www.av2books.com

Copyright ©2020 AV² by Weigl

All rights reserved. No part of this publication may be reproduced, stored in a retrieval system, or transmitted in any form or by any means, electronic, mechanical, photocopying, recording, or otherwise, without the prior written permission of the publisher.

Library of Congress Control Number: 2019936058

ISBN 978-1-7911-1022-2 (hardcover)
ISBN 978-1-7911-1024-6 (multi-user eBook)

Printed in Guangzhou, China
1 2 3 4 5 6 7 8 9 0   23 22 21 20 19

032019
111918

Spanish Project Coordinator: Sara Cucini
Spanish Editor: Translation Cloud LLC
English Project Coordinator: Jared Siemens
Designer: Terry Paulhus

Every reasonable effort has been made to trace ownership and to obtain permission to reprint copyright material. The publisher would be pleased to have any errors or omissions brought to its attention so that they may be corrected in subsequent printings.

The publisher acknowledges Alamy and iStock as its primary image suppliers for this title.